歌集

雑木林

松井春満

砂子屋書房

＊目次

題簽・山本悠雲
装本・倉本　修

歌集　雑木林

前書き

後書きに詳しく述べているが、短歌には趣のそれぞれ異なる詠風がいろいろある。ひとつの詠風のなかに技の質の違いはあるが、詠風そのものに優劣の差を付けるのは読者の好みを言うだけで、それ以上には本当は困難なのである。私は恩師の幽玄象徴の詠風がいちばん身に合っているのだが、ときには他流の短歌を試みてみるのも「学び」になると思っている。そういう「学び心」「遊び心」での漫遊をこの書では試みてみた。

たとえば、事情あって結社誌の終刊号に載せた歌も、作歌年にこだわらず詠風の異なる作品のままここに入れてみた。また年賀状では時代についての感慨をと決めている時事詠も入れた。まとめて気がついたのは、自分の詠風が橋本先生からも異なってきていることである。それゆえ当初予定の「双樹」という本書の題名を『雑木林』と名付けたしだいである。

阪神大震災

地震に遭ひて戦ふべけれ随くべけれ人万年に問ひ重ねきし

五感あげて想像すれど及ばざるイメージなりき天井落下

一本の梁が分かちたる結界のありて瞬時に氷結の時間

みぎひだり屋大揺れの音高く一瞬よぎる積み木の崩れ

頭の上に布団いただき立ち上がりわらわらと手を泳がせゐたり

屋内に病臥七夜のわれにして寒空に臥す被災者想ふ

死線越え生くる感激伝へきし人にうたれぬ死を見ざるわれ

映像よりさらに厳しき現実に平衡感覚喪ひしとよ

「生きて在るこそ有り難き」大いなる「自然」の啓示人は語りき

陸路なくフェリー乗り継ぎ行く海に見ゆる神戸の灯はまばらなり

ヒト族の開けてしまひしパンドラの箱に残りゐし救ひのことば

事故

腰を打つ音轟きて雨霧らふ高速道に車砕けり

叫びつつ転び出にけり車より鬼面なるの見境ひもなく

われよりも若気の男酒気を帯びよろりよろめき呆然と立つ

「当て逃げはするな」と押さへ転ぶごと非常電話の蓋を開きぬ

闇を衝き事故知らしむる反射鏡掲げ走りぬ浸み透る雨

見そなはせ諍ふ男のシルエット高速道に雷のしはぶき

「帰れ！」など叫びし日あり若きわれ今警官を待ちて待ちゐる

居眠りが呼びたる魔なり酔ひどれも帰り待ちゐる妻子あるらし

己が身に過失なしとて心裡奢るを知れり雨・雨・雨

慣性が吸ひ取る不思議追突に遭ひて傷なき時速百粁

悩みゐたる膝痛消ゆる摩訶不思議逆さムチウチ階昇りつつ

定年

定年が扉叩きゐる如月を覚へるもなく仕事ひすがら

諦念と呼ぶは未だし定年の来るも歌に停年はなき

ことばのみ交はすにあらで表情のゆたけき苑に通ひ合ひしと

自らに選び来し道されど知る大き定めに生かされたるを

含羞に堪ふる身なるを人知らず婚の宴に似たるひととき

見送りを受けて立ち去る傍らの公孫樹《いちやう》の芽吹きなほ固くあり

戸口より踏み出でにけり二歩三歩折しも時雨わが跡を消す

卯月来たり弥生にあらぬ真夜にして時計の音は昨日と変はらず

怒れる日語り合ひし日示範の日一夜は明けて遠景となる

昨日までわが在りし部屋をノックする手に含羞のためらひをもて

女子大に在りえし月日水光る乙女の微妙知らざりしゆゑ

正木坂道

雨に濡るる正木坂道歌びとの寄る辺のしるしここに鎮もる

点睛を欠きゐし苑に蘇る水茎さやか「花ひらくなる」

ドイノの悲歌もうたひし碑《いしぶみ》の語りを聴かな真向かひていま

訥々と語り給ひし歌の師のしはぶきを聴く坂登りきて

枢ゆきて今帰り来ぬ段道《きだ》にかの日のもみぢ念《おも》ひ切なる

旅

死せる人いま何か見む百余年隔てて海を望む人像《かた》

（坂本龍馬像）

文人を山は育み志士なるは海に生れしか国のあけぼの

大波の背にさやけき絹モスリンなだるる際の汝《な》が肩かとも

（土佐の海）

サルビアに揚羽蝶戯る南国の陰りだになきうつし世のそと

夏の舗道に水や求めしS型の干物となりて蚯蚓《みみず》群死す

醒めよかし内なる歌心《かしん》わが証し女神湖畔に行履《あんり》訪ねき

放下《はうげ》ともさに非ずとも山小屋の檜の風呂に身を沈めゐて

蓼科の山容映す湖中に枯れ木の立ち居凛とけざやか

にほひ立つ緑の綴れ落葉松の樹下《こした》につづく細き木道

木の道をほつほつ歩む傍らの不在の人と言通ひつつ

信濃なる大き風土に旅寝して出離帰心に裂けゆくこころ

知床冬韻

地の果てと呼べるシレトコ日輪の落ちゆくかたに動く影なく

塊が鳴る吐息のごとく氷が響《な》る厳しく拒むわが行くかたを

紅ならぬ白き猛りのわた原にモーゼ出で来よこの海裂けむ

夜くれば海は奏づと流氷の吐心かなしき横笛の音

白樺と楡の疎林の雪明かり流氷の韻焦がるるすべて

獄を抜け白き氷路の広がりに自由を尋《と》めし人ありやなき

北よりの風が贈りし流氷の蓮葉に映る双生の繭

輪かんじきの音軋ませて雪を踏む祖父の歩みをわれも行かむと

さながらに寄せくる波の襞と見つわが襞と見つ

雪の風紋

雪原の笹葉食みゐしエゾシカのまなこ鋭くわが方を見つ

燦然と青める光り剣なす滝に怖れきエロスのこころ

断章

ひと処陽射し燦たる枯生あり愛知者と行く森の小道に

秋充つる実を生れしめよわが名とり励ましたまふ文恩師より

満つるものいまだ無き身に木の芽立つ春さへも我うらがなしかり

物事をゆるりゆうるり処理しゆくつね安らぐと人は見るらし

除夜の鐘鳴り響《な》る中に震へつつ撞きゐるわれはその音《ね》知らなく

歌に覚め律に酔ひゐる戌の刻さやさや、はてと胸さやぐなり

座標星消えにし空の混沌に澪《みを》やあらたに星座つくらむ

春宵

ひと日ごと芽吹きの緑増しゆくも辛夷は今年つひに咲かざり

待ちてゐし若葉萌えけり山辛夷耳寄せ聴きぬ樹音いくたび

電子の世一つの叡誌廃りたり思想なき夜も梟は鳴く

（『思想の科学』廃刊）

有るを憂ひ有らぬを嘆く日の丸に二つに裂けるわがこころ内

掌を重ねケーキにナイフ入れるとき思へ彼方はブラックホール

祝言が羽毛をもちて擽《くすぐ》れば夜叉も菩薩も同じ目をする

白鳥の止まりし石にわが立てば月はさやかに悌《かげ》題はしむ

道行き

道行きの片や影なし和歌浦の青き岩戸に海なりの音

紅葉どき先逝きゆく友のまたありて想死かすかに輝度を増しゆく

見舞はざりしこと悔やみつつ訃を聞けり無常迅速待つてはくれぬ

法統

シリウスの輝く光り韻きもてわが撞く鐘の音に入りきぬ

僧形の三人の子らの撞く鐘にいま法統のページ明けゆく

法衣の子回畳に坐し誦経する計ひこゆる縁に結ばれ

巡礼もどき

行くや旅砂漠のくにへ月白に光る泉の水を汲みたく

貧しさの極み目にとめ旅ゆけば熟るる果実の甘みもにがき

旱天に土壁の家燃ゆれども風運びくるミントの香り

メッカへと捧ぐる祈り日に五回われら僧伽《さんぎゃ》に痛み疼きぬ

コーランを唱和する声保育所の幼な心に神刻まれつ

君臨の王は紳士の顔を浮き彫りつ肖画に見する曾ての我らも

羊皮紙に書かれたる文字幾百の犠牲の声満つる王の書

婚

木蓮はこよなく早く咲きそめぬ夜叉の芽吹きを菩薩が押へ

婚の日に小雪まじりの日照雨《そばへ》降る誰そみそなはす清浄の彩

身分くるに父のせしこと何らなしされど子の性《さが》われに相似る

花嫁の裳裾に触れて幼な子の眸かがやくそなたも女人

吾子なれどこの日かがやく白き肩背に託すもたはやすからぬ

妻の座をかつては月と人呼べりいま天駆ける日輪のごと

まぎれなく子は嫁しゆきし日暮れかた西の茜の一際明かく

脳死判定・臓器移植

つきつめて思へば凝《こご》る　顎を撫で一つの知恵と軽くいなせる

脈絶ゆともはや言ひえで神のごと頬くれなゐに死後も脈搏つ

行く川に水棹ささばいと速く彼岸に至る脳死とふこと

度すべきか度さざるべきか戸惑へる三途の川の老渡し守

前世紀神を殺めき来世紀人死なしめむ物化思想にて

パーツの世やがて来たるや医は闌《た》けて心の臓を高貴薬にと

泰山木ゆふらりと咲く大船に揺ひあらせよこのうつし身を

敷網

朝まだき岩風呂に浸りて天を見るまことと知りぬ星が降るとは

船ばたの冷気つらぬく朝日うけ大敷網の手さばき著き

逃げ場なき魚を更なる網に獲る　人の知恵もし逆さなりせば

雪のメモリアル

雪知らぬ里に棲まひてすでに無き白き衾の故郷恋ふる

到来を待ちに待ちつつ空しかり係恋に似る雪のおとづれ

去り逝きし人のことばに魂みつる星は微塵の粉雪となり

大屋根に烟らふ雪を見つめつつかぎりなくわれ包まれてゐる

朝の陽をやはらに受けて庭さきの鋭きひひらぎに雪華瑞き

結晶のゆるびほどなく消えゆかむ抗ふもなき雪のかなしみ

雪雲は遠海に去りて風を待つ生死のあはひ定かならねど

竹の秋

老少の不定教ふる堂の陰はらはらと散る春の竹の葉

それぞれの一生の定め時満ちて零るる秋のきたる竹の葉

竹葉群れきらめき舞へば中空にモネの睡蓮シスレーの濤

死者のうた

刎頸の友といはむに君無くもつねのごとくに朝目覚めたる

譲るなく議論交はしし君はいま閻魔のくにの先輩となり

忽然といづべに消ゆや深井戸の水に映りし面差しはいま

溶暗の彼方に深き大自然　死者の面差しなべて美し

額に刃を当てて葬ふいくたびぞ吾もほのかに死者の匂ひす

また逝きぬ昭和一桁いくさの子今年は殊にそれ多かりき

われの知る生者と死者の数くらべ死者に傾く天秤の皿

アメリカ西部

樹も岩も食らふパンさへ大きかり小さき国より訪ねたる目に

草原を空より下がる一連の御簾が動きぬあの雨を追へ

果てもなくつづく真砂と見紛ひぬ塩の干潟に生の影なく

移民史のまこと短きそそり立つ岩のアーチは万年を経ぬ

道もなき荒野の西部幌馬車はよくぞよくぞと想ひ重ねき

現住の人こそ幸をこの大地排除の資格誰ももたざり

欲望と目指せるものの持つ力ゴーストタウンに荒くれの夢

秋玉《たま》響《ゆら》

燭台に明かり二筋ゆらめきて御堂の闇を撃つ行事鐘

七音と五音三音弓なりのうねりをなして晨朝の鐘

僧形をなすゆゑ覚ゆ身のつらさ色衣の中の足萎えむとす

メデューサの首筋ならぬししむらを切り裂く刃跡星とぶといふ

一つ飛びはた一つ翔ぶ流れ星獅子奮迅といふにもあらず

外套の襟を立てては夜空見つ寝ねがてに待つ宇宙の散華

闇に浮く朧むら雲その蔭を鋭く裂きて流星が飛ぶ

山峡の村

山峡に雪をたづねき故郷をいでてさかれし妻とひのごと

雪を恋ふ一念もちて訪ねたる湖北の山のまだ奥の村

積もりける軒の下雪なつかしむもの思ひ外に村しづまりぬ

一は二は雪の刈田に飛来するカラスのさまも荒ぶ寂ぶとして

懐かしき雪の長靴ふかふかと踏みては脱げる山里の朝

一樹もて空に挑まむ凛然と欅の梢一葉もなき

首ころりわが首ころり寒つばき閻浮提とふ苑よりこぼれ

うつつともなき

駒とめて辛夷の白に触りたる夕闇おぼろうつつともなき

花咲くはかなしみに似て渾身の力の果ての散華あえかに

花便りきけばすなはち終末のをののき既に内に兆すも

かつて聴きし霧笛の音のまた聞こゆわがときじくの恋の定めと
（ときじく＝タチバナの古名）

忘れ貝拾ひかねつも忘らるる身なりと思ふ砂文字に似て

果たしえぬことや何かと数へみる脳の塞ぎ知らさるる夜

飛ばず翔べず　すでに幾とせわが矜持遠き北嶺に白雪を見る

世紀のはざま

果つるとも明くるとも知らず霧深き世紀のはざま人は彷徨ふ

凍むる空天狼の声くきやかに巡るを告げぬ千年のわたり

土の下に何かが動く萌え出づるものに希望を吾子身ごもりぬ

世々生々《せぜしやうじやう》

生と死の境にありて端然と枯れ木のごとし哲人の師は

死するまた自然の理法と澄みて説く京都学派の往生記見つ

霊安室に枯れ木のごとき師の遺体その辺に侍して阿弥陀経誦す

二千年熱きこの年師は逝きて吾がまごここの声をあげたり

祖師の日にまた祖母の日に生まれたる嬰児ここに沙羅の香をもち
（五月二十一日）

よごれなき嬰児の頬　人なべて神とおぼしき無垢に出づるを

子育ての怖き世となり初孫の微笑に祈る清しきいのち

汝が生来る世紀は重きパンドラの箱に希望の声残るとも

雨音のふと途絶えしに気づくとき身内を走る火のごときもの

坐禅する姿の花はさ揺らぎぬ春を呼びいる山の湿原

つづら折りの山峡に咲く射干《しやが》の花あなや清しき人知れずこそ

遠花火

あらせいとう熟睡に咲きぬ春楡の木陰にそよとハンモック揺れ
（あらせいとう＝ストックの和名）

ストックの香仄けし天空のかなたに蟹座を彗星過ぐる

月光の下を歩めば妖精のごとく立ちたる逆さ向日葵

ドクダミの覆ふ寺苑となりにけり和尚は有るも在らざるごとく

唐国ゆ来たれるものか細尾蝶舞ふるを見たり木津の川辺に

在りやうを認めてあれば平和のみ蝶は境をこえて行き来す

毀れたる瓶を繕ふよしもなし窓辺によりて遠花火見つ

秋色

楚々と来る人影見しはいつのこと傾《なだ》りに柿の色づき初めぬ

紅葉の季のめぐりのいと速きひたくれなゐに生くる間もなく

心月に移ろひなきと信ずるにこころ隅より貝殻となる

握りこぶし黒く変じて実を爆ぜぬ春の辛夷の秋の赤き実

春まけて白く咲きにし山辛夷秋の実爆ぜぬ赤きその実を

ゆるやかにわが細胞も老いゆくや去年の歩みの今年かなはぬ

平城山は古都の戌亥の座標もつ千年後にこの山やある

早春

三日月と明星ならぶ宵闇の光の調べ雪降るに似て

春一番風より早くクロッカス粗土を割り今しわれとぞ

手水鉢に椿の花をうかべゐて氷の画布の落款となる

水受けの鉢に水仙の花浮かべ春の風韻響かせてみし

戸板うつ風の音にも早春のこころ覚ゆる牧歌のリズム

巡りくる春をかなしむ何ゆゑぞ待ちて来らぬ時思ふゆゑ

枝折戸に春陽射しいぬ還らざるものへの想ひ膨れ揺らめく

ある出来事

旅先の異国に病める学生の心しとどに露しめりたる
セーヌなる河畔に佇ちて少年は何思ひけむ自死の縄持ち
救援の教師派遣す病院に臥しゐる男の子孤独者のため

エリートの中に育ちて幼子の夢見に芽生ふコンプレックス

漫画さへ読まずひたすらEメール脳の中や何が充ちたる

挨拶のできぬ学生その親も言葉を知らぬことだまのくに

遠ざかる人に秋野の輝きを小綬鶏が鳴く細く鋭く

二度定年

二度迎ふる定年の陽の淡々と学舎の壁に映るわが影

女子大と一味違ふ学生の男の子集団頼もしかりき

段ボール箱積みたる台車引く音の軋みにこもる澱の鈍色

来ぬ人をまつほの浦と定家詠むここ山里にこぶし咲かぬも

われが職を去る日出で立つ汝なれば落とすなバトン絆は深き

越《こし》の国とよびたる呼称さながらに湖北越えゆく妻とひの婚

子育てを終へて奉職北陸へ研究好きの汝なればこそ

青嵐の頃

果たし得ぬことの幾つか紫陽花に呼び覚まされぬおぼろおぼろと

変化せぬ紫陽花もあり群れて咲くなかにひとときは透明の青

水脈に似る己の軌跡残しつつ蝸牛《かたつむり》ゆく急がず焦らず

梅雨晴れに吹く風すがし太枝の楓一葉くるくる回る

球宴のさざめき過ぎて祈りあり世界の民の通ふこころに

狂騒の球宴の蔭に進みゆくものの怖さよ国会延長

春すぎて夏来にけらし地球には春待つ人の大量殺戮《ジェノサイド》あり

北回帰行

ことごとく雨中にして浮かび立つ父祖の昔の流浪せる日々

降り続く八月の雨うら寂びて陸奥なる土地も水瓶の中

たぐり来しわが相伝の玉の緒よ心の雨はみちのくに降る

当てよかしわが胸うちに汝が耳を那由多《なゆた》の時いのち流るる

清流はいま逆巻きて奥入瀬の朽ち木の根方洗ひやまざる

遠つ日に賊の名を受け蝦夷の地に落ちにし父祖の武士《もののふ》の意思

何人か額づきし跡北国のえにし尋めゆきし祖父の墓前に

西の坊落慶法要

稚児が行く僧形がゆくしづやかに迦陵頻伽《かりょうびんが》の奏楽につれ

大屋根の傾りのうねり胸をうつ衆生済度の僧伽《さんぎゃ》ここにと

室町の戦火に堪えて残りたる西の坊なる念仏の堂

半眼の弥陀の横顔かがよひて穏しき姿にこころ誘ふ

落成を祝ふ法会に反戦の表白を述ぶ住職のわれ

先人の行履《あんり》尊し己が身の軌跡にまこと導けるなき

僧よりも稚児の真情がこころ打つ衣装冠カタカタと揺れ

西之坊（西信寺）本堂

黒部・立山行き

三倍の時間をかけて段登る十段ごとに肩で息つぎ

真白なる濃霧のほかは何もなし雨具かぶりて道さまよへる

雨男と呼ばれて久し此たびまた的中されど明日にかけたり

濡れ衣装脱ぎて湯船に身を浸す山小屋の湯はブナの香をもち

昨夜の雨すぎて山容蘇る沢の滝水峰の輝き

ブナ樹林ハンの木カバの織り混ぜて朝の光を瑞々湛ふ

さやさやと光韻きて樹の間より生なるものの証し見せにき

山襞にむらさきの陰り彫りをなす赤沢岳に充つる神韻

美しき弧を描きたる堰堤の左に碧水右に虹立つ

アルプスの尾根より眼下くろよんの工事現場を見たる記憶を

年隔て室堂平に登り立つ青年われと老いにしわれと

崖に立ち沢を臨みて追憶す半世紀むかし此処に立ちしを

いまはただ仰ぐのみなり若き日にわが踏破せる劒岳への道

カメラより絵筆持ちたし魂こめてのみぞ捉へうる山の韻あり

神います巨き嶺よりたぎり落つ水か劒か遠世の刻か

イラク戦争

この戦とくに醜し番長の肩で風切る振舞ひに似て

不正義が正義の顔をす強ければただ強ければ人はひれ伏す

トマホーク科学の粋を撃ちこみぬ世界最古の文明の地へ

チグリスの大河のほとり世紀経てなほ興亡の歴史刻める

人の気配の少なきテレビその蔭に阿鼻叫喚の修羅隠さるる

おのおのに物語もつ人の死を　死体何百それも戦果と

ワンサイドのみの映像訝りて見ゆるものなきもの見むとわれ期す

対峙

お御堂に入れば驚く相互ひ怪し人影つと立ち上がる

「何者だ！　何をしてゐる」誰何する咄嗟のわれに仏の加護あり

盗人と対峙する吾の時止まる瞬時に測る彼我の力差

「もうするな。帰りなさい」と赦免せりされどまことは吾怖かりき

「入りきたところから帰れ」と命じれば門の大柵ひらり跳び越す

盗人も仏の子なり頭を下げて彼去りゆけり紅葉の中を

気が付きて一一〇番に通ずれば寺院荒らしで知られる者かと

年のわたりに

病院にて過ごせる二旬ガンを病む人と交はしし人生語り

除夜の鐘つかざる今年ＴＶの年のわたりの鐘に聴き入る

屠蘇にかはり抹茶を点てぬ餅ならぬ菱はなびらのひとり正月

一切れの数の子口によぎるもの飢ゑて流離の子らあまたなる

書き初めを試みてみる墨跡にひとりの春の遊戯を楽しむ

新年の寿ぎにさへ言はむとす今危ふかり国の歩みは

なにゆゑに貧しき者を痛むるや計りがたかり神のこころの

凧上げ

いまだ風冷たくあれど幼子と凧を上げむと睦む川の辺
走るより吹く風待たむ幼子に凧かかげさせ糸張りつめし
この童乗せてみたかり大空にまこと似合へる奴大凧

ノルウェーの春

旅つらね驚きつかれ帰りきぬひた蒼澄める北の国より
いは・岩・巌・国土くまなく岩にして巌の国なりノルウェーといふは
火薬いまだ火と水をもて岩穿つ素朴の力響動《とよ》もす大地

もののくきやかにして彫り深し光がひびくフィヨルドの海

青き空澄みきはまりてかなしかり氷河の白き上を歩めば

巌ヶ嶺に積もる白銀雪崩れ落ちトロールを呼ぶ聖なる海に

嶺に沿ひフィヨルドに沿ひて雲が巻くあざなふ白き縄のごとくに

雪崩落ち千尋たばしる大滝をこれぞ華厳の滝とわれ見き

屋根の上煙のごとく漂ふは白き雲なりノルウェーの雲

夜半なれどなほ薄明かき空のもと行き交ふ人の姿絶えざる

不安なく暮らせる国に育ちてや丈高き人等の瞳澄みたり

ノルウェーの春　大滝

魚市場魚を焼く火の煙り立つここ北海は魚の海にて

火もたかず寒気厳しき屋形にて鯔背《いなせ》ぶりたるハンザ商人

蟹工船ニシン御殿の収奪に並びここにも干し鱈の歴史

町を出で村に入りなばいづくともリゾートのごとし旅ゆく目には

梅雨どきの惑ひ

塩つまみ蛞蝓《なめくじ》の歩み眺めをり梅雨の晴れ間の厨房の隅

ふと兆すわれに仏心なめくじの目玉の動き見やる刹那に

塩振るを思ひとどまる汝もまた仏の子なり待つものもあらむ

歩みゆく軌跡くきやか蛞蝓の　われの軌跡は有りて見えなく

探りもて進む蚯蚓《みみず》の不思議さよ目を持たざれど知恵すぐれたる

いづれ秋螻蛄《けら》啼きたればみみず無くいのちたまゆら恋ひせよミミズ

カタツムリ、ナメクヂ、ミミズ、現れて梅雨の賑はひ梔子匂ふ

ヒューと鳴る呼び鈴の怪　検ぶるに電線覆ふ蟻の巣のあり

梅雨控へ蟻は大きく巣を造るいかがなすべき共存できぬ

天井よりバサリ落ちたる大百足お前は助くる訳にはいかぬ

汚れなく退治せむとて熱湯を上より注ぐ百足躍動

ゲジゲジも百足に準ず紙をもてつまみて丸めマッチを擦れり

梅雨の晴れ間蝮の動くときなりて草木光り蝮も光る

かつてわれ鍬もて蝮退治するその名人と人感心す

菩薩道われには遠し　仏性のなべてにありと知りゐて行ぜず

選挙

喧々と一点突破単純化ひとを靡かせしナチズムの例

地に落つる政道なれど大波になほ嘻々として呑まれゆく人

選良の美名恥づべし議員たちまつりごとよりまづ身の保全

報恩講法会

法筵の準備はなりて更けゆく夜御堂に明かり灯し見回る

居に戻り明日の主題を思案する折りしも窓に月光白く

九条は仏法の心に通ずるを語ると決めて寝ねなむとする

夜は明けて女房どちの参集すまづ厨より仕事はじめと
世話人の男性たちも参集し仏旗、まん幕賑はひはじむ

晨朝の勤行に誦す礼讃偈　懺悔至らねど声明清し
心して話す法話に田舎にも輝く瞳うなづく姿

残し柿

枯れ枝を震はし鶇飛来せり赤き柿の実間合ひ一尺

いと高き梢に残れる柿の実の夕日に映ゆる美しき寂寥

年を越えつひに収穫されざるを無垢の孤高と柿思へよかし

春来

蕗の薹黒土割りて顔を出す春の恵みに苦み添へむと

コロボックルいづこに在ますわれは蕗　薹の育ちを君待ちますや

呱々の声いづれか早き福寿草もたぐるそばにクロッカス咲く

ことば

頭の先で跳ね返るあり胸内に染み入るもあり人のことばは

表音と表意いづれも是とすべしそを悟りたる読経のとき

「多分ね」と大人のことば抽象を心得使ふ童四歳

逝きし卒業生

果たし得ぬ思ひ残して汝逝きぬ保育の学の礎石たる身の

出版の寸前にきて逝きし人　意思補すべきや思ひ惑ひぬ

思ひ知る人の心を揺さぶるは僻事ならね神ならぬ身の

白内障手術中

紙一重短き場所にまだ知らぬ感覚あるをわれは悟りき

神さぶるごとき万華の響演に目を切るメスのことも忘れて

目の手術老いゆゑなれど初に見る美しき体験色の世界の

オーロラは響き震へるこの色は音なき変化つくることなく

オーロラに似たる赤いろ七変化　青と黄まじへ色彩無尽

雲間よりグレコの光射しいづる吾は昇りゆく虹の世界に

青海に茜雲立つ輝きて弥陀来光もかくのごとしと

さながらに海の藻分けて泳ぐ身に青空も見ゆ水底も見ゆ

あな美しきまことに楽しと声出せば医師は叱りぬ「戯け言葉」と

消ゆるゆゑ色は空しきこの色は美の極みにてなほぞ空しき

色彩のシンフォニーをわれ見たり為して悔ひなき感動の手術

感動にときめく心まだあるを知りて喜ぶ眼科手術に

古希傘寿卒寿になるも未見なる世界あるらし己が内にも

生き生きて何ほどの事知りえしや喜寿近くして悔ひてありしを

千巻の書に囲まれて生きてきしされど叡知は？　梟に問ふ

春の里

鍬をもてぐいと掘りなば福寿草芽をだす準備整へてあり

人夫にて掘り起こされし庭土の中に萌黄の蕗の薹見ゆ

作り替へ工事の庭に北山の杉は残りてわが家史刻む

春の野に睦み遊べるをさな児は頭ならべのクロッカスにて

わが師より株を賜ひし寒アヤメ師亡き後も殖ゑて咲きつぐ

賀茂、丹波、山城、菟道、播州と棲みにし里にそれぞれの春

どの里が一番なりや　やはり賀茂　故郷の桜忘れがたかり

古寺庫裡解体

屋根裏はいたく朽ち果てそが下に四百年のなりはひありき

塵埃に埋もれし文の煤払ひ歴史を探るたかぶりをもて

古き箱その一隅に眠る文いま読み解きの光を当てぬ

四世紀昔の記録いまもなほ墨痕消えず塵埃の中

古文書を千々に砕きて格好の巣となしゐしや鼠のたぐひ

古き人の写本のたぐひ胸を打つ墨跡の醸すそのひたごころ

唯信抄文意と題する写本出づ高僧たれそかくは学びし

しなやかなる筆の女文字の物語る遠き江戸期の女人に風情

大蛇の抜け殻いでて若き人いまは男も悲鳴をあげし

われら庶民のたづきを示す文あまた供養の品じな地租のたぐひの

しんしんと滲むよろこび塵埃の中に路あり禅語そのまま

風呂敷の包み開くればわが父母の婚前に交はしし相聞の文

霧散するメールの文のたどきなく手書き書簡にローマン香る

和紙に書く墨の筆文字いのち永しコピー機の文字はや消えゆくに

この事業為さざればもし　古文書あまた見ずかなりなむ

憧憬

わが庭に沙羅植ゑたるは無垢にして一日のいのち憧憬の花

無垢にこがれ沙羅をもとめて漂泊へば心は身から逃れむとする

青澄める紫陽花の花はわが心焦がれてあるも仮初めにして

紫陽花は奥津城に揺れ佇めば奥耳に聴こゆチゴイネルワイゼン

ジプシーの曲流れきて思ひ出す先逝ける人の言葉の一つ

北のくにに発ちたる少女澄みゆきて耳にフルートの調べを残す

亡き父の足跡もとめ長春を訪ふまでをわが夢とせむ

僧籍の身にして未だ浅ましくシジミ標本未完のままに

ルリタテハ、ツマグロヒョウモン、改造を終へにし庭に姿見せざる

書を学び年月経れど叶はざる師の面目に障りなきこと

微動だに揺れざる不思議良寛のかな文字の線能の舞なり

秋来ぬと

旅ゆくはつね独りなり風の道されど心に草笛を吹き

海原を越えて飛びゆく蝶もあり人われなどか斯くもためらふ

怨憎の苦はなけれども会者定離ここ山峡にかなかなが鳴く

逝きし人別れし人の遺したる心し思ふ言はざりし言葉

蟬の声いつしか絶えて虫の音に時のめぐりの秋来ぬと知る

今朝よりは秋といふべく戸を開く肌にかすかにそよぐものあり

滝一条木の間越し見ゆほの暗き気韻の森に盈つる静寂

青橙七十周年

青橙はわが母にしてなほ盈つる月の器のいと豊かなる

青橙のさらなる孕み上弦の月ぞさやかに夢見むとする

心惹かるる永遠の女性をゲーテ詠むわが月光もさながらにして

流星

蒼白き炎となりて流星の墜ちゆく見たり稜線を越え

かつて師の逝きたまふ前火球墜つ辛未の年の霜月なりき

流れ星折節に見つされど斯く燃ゆるばかりはごく稀にして

ことぎれて冬麗の天に星がとぶ童話の少女見るやこの辰

天の夜虚空ならずやひそむもの何をか見せむ迷ふこころに

隕石の流れに混じり「想ひ」ゆく聴こゆる調べマスネーの曲

流星の飛びし軌道の鋭さよ紙上に描く線は及ばず

可逆なき時

雑草と呼ばふ言葉の不遜とも流るるいのち小さき花咲く

かつてこの茶房にありて語らひき可逆するなき時の不思議さ

蔦の葉は茶房の壁に息づきて時が無限に過ぎてゆきたり

瀬戸内をゆく船を見つ海の辺の椿林の丘の上より

明滅する光の海を回想す港神戸の高窓にあり

細尾蝶木津の河原に棲みつきぬ海峡を越えユーラシアより

大雨に幾たび崩ゆる流れ橋されど失せざる縁の鎖

茶

新緑の芽吹き麗し宇治の丘茶を摘む季の風いまし立つ

故郷の家に野生の木ありき母ためしとて茶葉作りみし

茶舗ならぬ製茶の場にて求めたる新茶艶やかいろも香りも

急須より絞る新茶の滴りにすでに香りは拡がりはじむ

老いわれに若きいのちの香を与ふ新茶嗜みまだ生きむとす

新しき煎茶はここに　玉の露と抹茶は秋に初出荷とぞ

座の右に茶道具置きて書見する一息つけば茶を点ててみつ

念仏と禅の心は相通ず　一服の茶に一筆の書に

茶に倣ひ茶を嗜むも至心なるをこの頃の僧お茶を知らざり

仏道にかくも沿ひたる茶の種子を栄西よくぞ伝へたまひし

わが開祖信寂と争論ありしとの明恵つづきて茶を伝へける

続北回帰行

回帰する思ひは北へたらちねの母の産土われがルーツの

くつろぎて一日を過ごす船旅に時なるものの満つるを知りぬ

積丹の岬の岩を視野に入れフェリーは母の古里の地へ

古き街小樽花園一丁目母の育ちし古書店の跡

近代化北の始点は小樽なる格差の今につながる運河

かつてこの生地を離れ西国に嫁ぎ来たりし母の雄々しく

愛ありてをみなは自己を投ずなり再び帰るとき見えずとも

をみなこそ己を賭ける勇をもつ北のくににてわが知りしこと
わが父祖の振るひし斧は何がため己かアイヌかはて国がため？
鉄道の敷設をニセコにしたる祖父先人なりしかまたは山師か
北海に生くるたづきは修羅なるを蟹と鰊のすなどりに見き

西行　良寛　親鸞　われ

いのち育むおもひ一途に付きゆかむ西行の歌良寛の筆

花のとき近き予感に西行のこころ思ほゆわが庭に沙羅

一人ゆく西行の旅うつし世を捨てしにあらずされぱこそ旅

僧にしてなほ迷ひゆく西行の結ぶ庵に梟が啼く

たま子とや永久の女性をしのぶ僧の今にしあれば天の夕顔

玉の床むなしきものとうたひけるされどまぶたに古殿の明かり

みちのくを訪ひし汝　吾もゆかむ海原こえて北の果てまで

良寛もさすらひののち草庵に書と文と歌遺して逝きぬ

息ながく間合ひ等しく執る筆の摺り足に似る良寛の書は

物憂げの文字といはるる良寛の波をたてざる心に気韻

わらんべとつきてうたひて手鞠歌恋もするなり僧はじねんに

良寛を心に描く日々なれど旅ゆくおもひ西行にして

うらをみせおもてをみせて散るぞとやじねんのすがた高僧は偈に

親鸞に遥か及ばぬわれらなり柔らかなれど至心の至難

透徹の境に至らば何人も機を説くすがた悟り相似る

続続北回帰行

一人旅と知りて女将は斯く言へり「どうして？　傷心？　お大事に」

残り咲くエゾリンドウの花殻を数へて歩むサロベツ原野

土地の画家の描く原野の静謐にわれ項《うな》かぶす神さびの韻

雲隠れ利尻の富士は見えざるにオニシモツケは雪にかも似る

山裾を回らば気温も天候も異なるといふ島の翁は

熊谷に討たれし若き敦盛の花の仏となりて咲きをり

食堂の品よき媼消えてゆく方言を惜しみカルタつくると

短調とラルゴの律を口ずさむ賑はふことに心染まねば

こたびまた訪ねし雪の美術館氷の回廊は白くかがやく

月光のもとに零るる雪の華富良野の丘にまた立たむ日を

父祖とともに生きてありたきこの大地わが魂のあくがるるくに

三・一〇

待ち人の今や無くとも弥生月ロマンを秘むる誕生の月

白梅の放つ香りに少年でありし日の記憶後姿《うしろで》の母

しめやかに木の芽起こしの雨が降る瑞枝の雫つややかにして

老僧と言はれて逝きしわが祖父の齢七十七同じ喜寿なり

クリスマス・ローズを持ちて訪ひきたる嬉しき人の鬢のほつれよ

老いたりとさほど思はぬ日々なれど女性若きを見れば寂しも

うからたち祝ふてくるるわが喜寿をされど老爺と扱ふなかれ

三・一〇誕生の日の大空襲いくさ許さじわが天の命

空襲の死者に捧ぐる詩集とぞ読みたきものと三・一〇詩

兵を出し中国の都市を占領すロシア相手と言へど侵略

陸軍の記念日なりと煽てられ反戦者となるわが誕生日

初鳴き

ウグヒスの初鳴き聞こゆうち籠もるわれ誘《おび》くがにまたも来啼きぬ

カタクリの楚々と咲きゐる崖上の日なた草生に岐阜蝶舞ひぬ

堀端の柳に桜にじみあひ美の極みなりこのくにの春

父よ

剣のみが殺むるにあらず一振りの言葉が放つゼウスの力

今にして父を思へり人のため説きたる義をばアカと謗らる

「起雲廬」の名を冠さるる寓居をば虎穴となして隠忍の父

反戦の遺伝子をわれの矜持とし伝えてゆかむ末裔にまで

春桜　秋桜

音づれは北のくにより秋桜《コスモス》か細きまでに見せる揺らぎを

かつてわれ死線越えたる病院にコスモス咲きゐしわが生の花

桜二つ春は北上秋南下ともにすがしきこのくにの花

知らぬ間にすくと並びぬ曼珠沙華み堂の裏ゆ彼岸事触れ

道沿ひの萩のしだれの花ゆかし赤紫にわれを誘ふ

秋桜（コスモス）

春桜（桜）

萩の花赤むらさきに揺らぎ初めある楽章を奏でてゐたり

蝶型の花に止まれるしじみ蝶枝垂るる萩に護られてゐる

唐招提寺拝観

古は中夏のくにを敬へりあまたの教へ隋唐を経て

彼の国に行きて学ぶも迎ふるも生死を賭くる一念に出づ

目の見えぬ鑑真和上波濤越え倭国がために教へ伝へし

み仏の教へとともに彼の地より伝へたまひし律論あまた

西海の波濤をこえて客人のもたらし給ふ仏法栄ゆ

御厨子より顔見せたまふ鑑真の心の眼薫風とともに

鑑真の慧眼を仰ぐ魁夷《かいい》より出づるは青海波濤のリズム

桂林の宵に望月輝くを和上の心意と画伯描きぬ

一条の滝落つるなりその響き夢幻といはむ山雲の図の

白き雲谷間に昇り青杉の山容おぼろ魁夷の壁画

西に月東に日輪つなぐ海揚州より船今し着きたり

（鑑真厨子絵）

成就せる六十九面の障壁画響き合ふあり畢生の念

鴻恩《こうおん》を忘るるゆゑにいくさあり師の影踏まぬ謹みをこそ

解脱の光輪きはもなく恩は忘れず讐わすれしむ

恩讐のかなたに大きく生くる民かれこそ大人こちらまだ稚児

越年

オリオンの澄む星月夜山門に向かふ草履に枯れ葉音立つ

迎へるは巨なる葉牡丹門口に珊瑚となりて示す行く年

晦日なり稿書き終へていざ寺へ住職といふ任果たすべく

漸くに脱稿すれば喘息のはやも始まる待ちゐし如く

直きものの生まるる兆しや東天に満月昇る元日の夜

望月に掛けたる願ひこのくにの良きことよきもの失はぬこと

寒に入れば三日月となるあの月も人心癒す夢路を照らす

美と信

連翹の黄の輝きに自死をやめ帰りきしとふ人に会ひたり

かつて吾も生きてある幸コスモスに呼び覚まされぬ療養の秋

瓶に挿す藤の花房詠みし子規生きるとふこと覚えたりしか

彼岸とは美の世界なり死にあらずまことの生に安らぐ世界

水仙の白黒土に咲く気品もて風まだ寒き此岸も浄土

襖絵に描く魁夷の美の世界浄土希求と変はることなし

たをやかに慈愛零るる弥勒像美しきその手に掬ひてたもれ

チゴイネルワイゼンにわれ涙する迦陵頻伽の苑にゐるごと

琵琶の音に合はせ無常の物語り平家の興衰信へ誘ふ

本堂に響く声明の音楽美こころをうちて信へ誘ふ

美と信は一如であると悟りえて心清しく経を読みたり

墨跡に表るるもの本源か聖か美なるかまた信なるか

揮毫する穂先にこもる裂帛の気迫禅者の修行のごとし

見性の体験見ゆる墨跡にわれ学生として論争聴きし

歌を詠む生きる証しに心こめいのちをこめて彼岸への橋

往生の時には沙羅よ咲いてくれ無垢清浄の美への旅立ち

長春のこと

長春をおとなふ願ひ諦めぬ詮ずるところわが夢にして

われの名の由来となりし長春にちちの軌跡を訪ねたき夢

満州のきびしき大地喘息の汝には無理と医者の忠告

敗戦を予想せる父家族をば伴ふなしに単身赴任

傀儡の国と知りつつ何ゆゑに父はかの地にたづき求めしや

優れたる才育てむとつくられし建国大学影もなき由

彼の地にて反戦思想家わが父はなにを彼らに講じたりしか

恩師逝去

鴻恩を賜ひたる師の訃を知らず凝然として新聞を見る

身内にて葬儀終へりの報道を見て馳せ参ず心も虚に

臨終に間に合はぬ表具うたてなり抱石の墨跡待ちたまひしを

座禅する極みの手前に魔境ありと師の遺されし不可思議の手記

カラカラと供養の干菓子清やかに相国寺雲水一椀の茶と

二十歳の日哲学の道を志す出会ひとなりし恩師このひと

抱石の『東洋的無』を読まむとの思ひつのりしも師ありてこそ

書見のとき座禅のときの師の姿奔放不羈のわれを打ちたり

真つ向にマルクス・ボーイと論じ合ふはこの師のみなり人数多あれど

マルクスとハイデッガーの狭間にてわれはカントに視点定めき

病臥するわれの治療費捻出を企画したまふ恩師の大悲

無の中に路は有りとて本来の自己を見る目もいまだ有るなく

大岐路に立つとき常に出会ひあり哲学、短歌、書の道もまた

西行の桜　恩師の山帽子　われは沙羅もて行かむか旅に

大空に吹ける嵐は地の上に紋を遺しつ　またそれも消ゆ

雑詠

門口に葦簾《すだれ》ある家ひんやりと当家のおかみ心くばりの

初なりの庭のイチジク娘はもぎて切つて盛りたり夕餉の皿に

故郷の味の一つの無花果を挿し木重ねて今に接ぎ木し

老いぬれど心に描く影ありて夢に吹きゆく草笛の旅

堪へねばと崩さぬ正座読経中脚のこむらが痙攣するも

疲れをば覚ゆることの多くなり齢に区切りあるを知り初む

名投手の球の切れ味さながらに切れある墨跡仰ぎて遥か

心・技・体・すべてに通ずるこの三文字及ばざること夏の逃げ水

初めと終はり

竹とよぶ異なる生き物春秋を逆さまにして自が道を行く

もぐことを忘れ見とるる富有柿しばしワープす少年の日へ

いなご採りくるり葉裏に隠るるをもろ手に囲ひ糸つきの針

名を聞けばコンドーユーゾウ真に受けて栗泥棒を追ひしことなど

野良猫を追へば柿の木駆け登り牙の逆襲窮鼠はまこと

薄穂の銀の荘厳仙境に立つを夢見し中年のころ

カタコトと鳴るは数珠玉腰につけ南蛮踊りとふざけしことも

（イネ科植物）

柔らかき手のまま逝きしわが友を仏のごとしと人は言ふなり

看取る者なくて逝きにし教へ子の寂しさ思ふ木枯らしの音

先逝くは逆縁なるぞ教へ子に経を誦しつつ語りかけゐる

老老も一人欠くれば片老となりて或る朝来る迎へ駕籠

星の物語

星がとぶ誰か逝きしや星が飛ぶかなしみ哭す人そこにあり

共に生れ共に逝きにし兄弟の絆かたどるふたご座の星

天狼を狙ひて放つ勇士の矢闇を切り裂く流星となる

仰ぎ見る喉元寒しふたご座の流星のかなた凍るシリウス

地球とふ一砂粒の星に住み争ひやまぬホモ・サピエンス

人と人　星と星とをつなぎゐるいのちの流れ無量寿仏の

篁の結び合ひたる根のごとく人は縁に結ぼれてあり

さながらに銀河鉄道「あかつき」は星のえにしを求め旅行く

東空に燦と明け星「あかつき」を今は拒みぬこまちのごとく

明星のその名ヴィーナス古代人この天空にローマンの夢

いくさ無き飢ゑる人なき良き星と成しゆく基《もとゐ》九条ひろめむ

無上の惨

西空に昴と半月ゐ並ぶ日地震《なゐ》起こりにき竜の舌もて

伝へらるる震災の夜の宙の星鮮やかなりきと神意いづべに

神も冒す錯誤なるかや善き人のたづき断ちゆく罪神も知れ

現にも地獄はありぬ叫喚の大地に垂れよ蜘蛛糸あまた

いま共に在りし人消ゆ一瞬に夢ならぬ世の無常迅速

竜を食む迦楼羅《かるら》出でこよ大海の底ひのマグマ呑み尽くすまで

万物の根源たりし原子の秘　人は畏敬を忘れいたりし

身命を賭して救ひに携はる貴き人のいま菩薩道

「てんでんこ」非情のことば由あるも親は子を呼び子は親をよぶ

船は陸へ家は沖へと寄せて引く善き人あまた波の下なる

避難には位牌と写真まず抱く人の心の美しくかなしき

一本の松は残れり耐へ抜きてよすがとなるや壊滅の地の

若者よ昭和遺物の言も聞け薪と石もて煮炊きはできる

国、世界、人の善意は連なるも生くる基は家族とぞ知る

義援金それのみにして無傷の身覚ゆる負ひ目菩薩たりえぬ

天災は抗ひがたく額づくも許しがたきは巨益人災

白づくし

台風の過ぎにし後に沙羅の花白きかんばせおづおづ開く

風と雨に打ちすゑられてなほひそと膨らみ見するいとしその花

一日なる短きいのち清やかに沙羅の花咲く柴垣のそば

雪白の五弁の花は葉の付け根　上向に咲く下を見るなく

天竺の沙羅と違へど夏ツバキ釈迦の清らに相応しくあり

西行と桜の故事をわが夢となして向き合ふ念仏のはな沙羅

わが庭の桜白妙、白つつじ、白き紫陽花、白尽くし生る

孝行

母を乗せ車椅子押す老教授見送る助手の目元潤ふ

孝養のモデルと言はむ男の子君その母の死に集ふ教へ子

百合の香に包まれ眠る母の額に君手を当てて別れを告げぬ

惨禍相次ぐ

幾そたび襲ふ惨禍ぞこの国に見ゆるは瓦礫見えざるは毒

故郷を追はれし人にたづきなし実り産む土も漁《すなど》る海も

出先より帰りきたれば家は失せ妻子の姿求めゐる人

まつりごと民救ふ手の遅かりき政争のみに過ぎし幾月

森のくに紀州山地に滝の川　家と人呑み御社さへも

この惨禍目の前にして原発になほ固執する財界堕落

住むことも能はずなりし放射線　政、官、財の冒したる罪

生死の分かれ

相握る手が離れたり大波にのまれて夫は視界より消ゆ

忽然と波間に消えし夫の名を呼びつ求めつ詩はうまれたる

「お帰りをまつてゐます」と亡き夫に語る心は「信」に満ちみつ

涙もて読みたるこの詩「生きゐるはあなたのお蔭」至上の称へ

生死をば分かつ不思議よ　運、縁《えにし》、人知及ばぬこと数多あり

何ゆゑに吾此処に在る　何処より君は来れる　縁といへり

不思議の語嫌ふ人あり不可思議のなかにある身と気づかぬゆゑに

曼珠沙華

一夜にてすくと立ちたる曼珠沙華二夜も経ずに大群となる

なにゆへに彼岸なればと汝や咲くこれも不思議の営みにして

竹やぶを伐採したるその跡に陽光燦々曼珠沙華出づ

いよよ傘寿

旧年に叙勲を受けてうつけ者身の内からに恥じ入るばかり

「君いまだ結晶せず」と恩師の言。さこそ恩師はまこと宣《のたま》ふ

独楽回しする子を見れば手を出して教へたくなる糸の巻き方

日が暮れて書見の時は質重く迫るものあり未完の課題

冬麗の月は語りぬ汝が内に温めしものに与へよ形

親しき者つぎつぎ逝きて何ゆゑぞ大病をせし吾が残りぬ

歴史から学ばざる者跋扈する人の世つねに描くや螺旋

回想のアメリカ西部単独行

三週の休日を得て決心す炊飯器、米、水を積み走り抜くこと

悠久のとき刻みたる大西部　崇高の自然　人は大らか

漆黒の闇深かりき　セコイアの森に明かりはわが車のみ

直径は十一メートルその樹齢三千年のシャーマン・ツリー

誘《おび》くがに湖面の青が変化するクレイター・レイクふかふかと雪

側に来て木の実頬張るリスがをり小鳥も然り人を恐れぬ

運転中フロント・ガラスに突如穴　銃弾なりと後教へらる

エンジンのオーバー・ヒート、ロッキーの山越えのとき、水用意あり

ロッキーを越ゆれば東は大草原西の砂礫と様変はりする

見はるかす大草原に家一軒銃持つことも宜《むべ》かもしれぬ

目の前に突如狼　彼方にはバイソンの群れイエロー・ストーン

鋤持ちて畑仕事する夫婦見つけたりほつと安堵のデンバーの土地

カラフル生るコロラドの自然住む人も庭木の手入れわが目に馴染む

天空に墓標のごとくそそり立つ赤き残丘月へのサイン
（モニュメント・バレー）

旅行中差別されずやと尋ねらる日本をよく知る指導教授に

リハビリテーション

ある日より正座の出来ぬ身とはなる前にのめりて膝が曲がらぬ

信頼を互ひに抱く主治医殿有縁の病院へ我を送りぬ

内呼吸高まらざれば心臓が停止しますと医師解説す

酸素吸収深むるために三月余のリハビリ説かれ沸く好奇心

据え置きの自転車を漕ぐリハビリに苦しくあれど希望波うつ

よろよろと疲れ帰ればパタリ寝るこの長睡眠いままでは何

欠点か過度現象か集中心やや稀《きは》まれり読書に際し

ソフィスト怖るべし

ソフィストと称するありき古に人を欺く謬論をたて

「平和とは戦争なきこと」このまこと同一律なりその否定なき

戦争も平和のためと強弁す　これぞソフィストからくりの言

ナチス手法といみじくも漏らす一言へ見事踏みだす解釈改憲

若者を死地に遣るとき宰相よ最前線に汝立つべし

宰相は己が控へを常に持て　戦死覚悟の政治責任

語るならば訥々がよし政治家は　多弁がふふむ詐欺と策謀

（宰相の出陣）

耐へかぬる思ひここにもよく見れば大和益荒男鼓舞の内閣

魔術師の謀る手法見抜けども封ずる手立て他は易くなく

戦前に還るは国のためならず歴史を吟味「正見」をこそ

蒙昧を啓く「慧眼」は政治からまず宰相よ己を正せ

老いの一日

つま黒き豹紋蝶がわがそばに何かやさしも連れ添ふごとく

今しがたと思ふ服薬昨日なりと　老いの一日は風の一吹き

静やかに馬酔木の道をゆく人と鹿とわれとを描いてみたき

カタクリの花と岐阜蝶

堅香子《かたかご》の芳き名懐かし目に浮かぶ花の丘の上岐阜蝶の舞ひ

秋深み桜落ち葉の蔭にして蛹と化しぬ春を待つ蝶

春を待つ仮眠の時期の貴さよ殻を被りて身をば調ふ

春くれば羽化する女神岐阜蝶の仮眠のときをわれも護らむ

岐阜蝶を尋ね求めし日もありき僧俗忘れ子供ごころに

堅香子《かたかご》はかたくりの古名紅紫なる小花可憐に告げゐる春を

カタクリの花咲く弥生舞ひ初むるやまと岐阜蝶春の一番

春の女神をよろこび迎ふやはらかき日差しに咲けるカタクリの花

堅香子を訪ふ蝶の連想にをみなの育ち重ねてもみし

孵化すれば齢と脱皮重ねつつ蛹から羽化へ女子大生も

一齢二齢脱皮を重ね蛹の時期満たし羽化するアテネ、ヴィーナス

弥生尽生きゆく力育みて出で立つ日来ぬさながらに羽化

仮眠より醒めていそしむうつし世に汝を待ちゐる堅香子のある

堅香子に先立ち茶を点て迎へけるこの言祝ぎのわが研究室

やがていづれも職場にて重責担ひて訪れてくる

矛盾

除草剤撒く足元に小花咲くこころに疼くベトナムのこと

野豌豆の茎に蝟集のあぶら虫　むしには犯すわが集団殺戮《ジェノサイド》

蝮捕りわれの得意の技なるを知れば驚き拡がるならむ

木鋏を持ちて蝮の首挟み手加減の秘技まづはぬからず

まづ首を尻尾は危険噛まれます人に教へし昔日もあり

北山の湿り気多きわが苫屋日に幾匹も蛇を見かけし

かつてわが寝所に迫る蝮をば捕食してくれし愛猫ありき

下萌ゆる

待つ春は来るが遅し啓蟄のあしたにはかに温き風吹く

杖持ちて古墳の丘を彷徨へば落ち葉蔭にも下萌ゆる芽が

櫟なる裸木に垂るる一片の枯れ葉くるくる舞ふ風車

名月と日の出

台風一過むら雲流るる東天に闇払ひつつ昇る満月

蒼白く光に映ゆる木々の群れ脳裡に和する月光の曲

高速道つね行き交ふる我にして昇る名月初に出向かふ

日輪の出づる直前あかねいろ次第に消ゆる初の体験

日の神の半顔いづるその刹那波こえきたる光一条

金色の光一条真つ向よりわれを貫くひびくがごとく

名月と日の出に会ひえし今年なり礼する想ひ巡りを知りて

古谷蒼韻展

書の道に生きる米寿の蒼韻展こころにしむる線の芸術

ゆるらかに運ぶ筆跡しかすがに気迫と響き内にこもりぬ

まなかひの線の芸術よき音のひびくがごとし剣も斯くやと

その形なぞりうるともその韻き倣ふあたはず唯々打たる

書の道の奥義をきはめ尚もちて日々幾十枚運筆の反故

芸も美もスポーツも剣も日々の錬磨絶ゆるなし事果つるまで

絶ゆるなき錬磨の日々に及ばざるわが身を恥ぢぬ竦《すく》む思ひに

書のこころ茂吉の歌とひびき合ふ大師語りぬ身をかへりみで

「死に近き母」を詠みたる茂吉歌書く蒼韻の筆寂然なりき

中国に生まれ倭国の仮名となす漢字文化の泉尽きざる

備へゐる心ありけり大本に書の一文字も歌の一字も

蒼韻の「峡」なる文字の流動にかよふは禅者抱石の筆
（久松抱石師）

範あまた学び吸ひとりじねんなるわが道と化して歩みたまへり

わが里をもてる遍歴十兵衛にまた道元に似たる求道者

歌にしてうた極むるも果てしなき修行なるぞとこの展に知る

本堂裏庭

群れ草と戦ひ疲れ除草剤ここにも犯す集団殺戮《ジェノサイド》なる

小花咲く野草に瞬時ためらひぬ微かに声をあげたるや汝

ひらひらと豹紋蝶が舞ひ上がる草の蔭より　何を為しゐし

去年切りし竹の口より露こぼるセピアの色に変はる唇

灌木の伐採跡に露はるる石組みありて鑑定待ちぬ

考古的遺構にあらずの鑑定を受けて残念村の反応

しかすがに何を意味する石組みかなほ持続するわが好奇心

車

車なる奇しき生き物かたはらに在りてぞわれも生きて斯く在る

居眠りはまこと危ふし心してエリアを見ればほどほど休む

幾台か別れし車ひと並みに愛別離苦はここにもありき

アメリカで共に暮らししポンコツの愛車との別れ涙こぼしぬ

「頑張ってくれたね、お前」長旅を終へて撫でたるそのボンネット

車にも通へる心あり申す帰着の直後エンジン故障

いま傘寿いつか卒寿を越ゆるまで免許の保持をなしうるやわれ

診察

魅力ある医者にて出会ひぬ耳垢をまづは摘み取り「いかがしました」

てきぱきと為す医師嫌ひ選びたるこの医院にて信が兆せり

病とは全身体と相関と　漢方も視野のこの西洋医

血圧の話交はしぬ　学ぶことこの診察でまこと多かり

幾つかの機器使ひつつ当方の言葉もじつと受け止めたまふ

温かき看護師たちの振舞ひも信を補強す　良き医院とは

魅力とはけだし直観「また来よう」はじめて知りぬかかる医院を

措くあたはざる怒り

宰相の多弁にふふむ虚偽あまた案内まつらふ奈良白豪寺

汚水汚染封じ込めしと強弁し世界をだます手腕見事に

恥ずるなき強きことばに拍手する衆愚といはむメシア幻想

知らすなかれ依らしむべしを極意としくにたみ統ぶる秘密保護法

訝しと疑ふこころ罪のもと　よろづ畏み謹みをもて

戦後派は特高の畏怖知らざりき壁に耳ありくちびる寒し

いのちをば軽きとなせるあの時代再びくるや悪しき夢なる

再入院

齢ゆゑか愚かのせゐか放免後旬日経ずに潰す面目

低酸素呼吸に馴染みし六十年山の部族の息に似るとや

病院内行き交ふる人みな真面目どこか清しき生のオアシス

運転免許返上

傷つきに無頓着のゆゑなるか免許返しの役員会要請

四十余年八十五万キロの走行を　人は他人事悲しみ知らぬ

七回も手術の後に百歳になればギネスと笑ひしことも

回想の山行き（半世紀前）

〔平成二十七年作品〕

白馬連峰尾根にて見たりブロッケン弥陀か己か山の神秘よ
（ブロッケン＝雲上の光輪現象）

わが影を包む光輪しかと見し後立山若き日なりき

リハビリの療法士さんと共鳴す北アの話山のよろこび

天幕を背負ひ女人の単独行　思はず「凄いね」それがきつかけ

この人も淡くゆらめくブロッケン目にせりといふ同じ辺りで

白馬の大雪渓を行く話この人先月われは若き日

わが足下響く雷鳴　岩蔭にアイゼン隠し小屋へ急ぎぬ
（アイゼン＝滑りどめに靴にはめる鉄の爪）

雷鳴が去りて戻れば岩蔭に鬼の仕業かアイゼンは消ゆ

剱岳、一服剱、前剱、鎖の岩壁、千仞の谷

わが為しし単独行は戸隠山　尾根の刃渡りそろりそろりと

無事下山牧場に至り目眩《めまひ》して用意の秘薬つひに含みぬ

美ヶ原高原めざす百曲り呼吸切迫そが別れなり

山と別れ半世紀経し　さはあれど憧れ消えず想ひ安らぐ

右肺の手術経し身の山岳行　不思議なるかな若さといふは

「歌舟」との別離に臨み蘇る山と別れし若き日のこと

年賀状集

時事に左右される私たち。
いろいろな感慨を抱きつつ、
憂ひを覚えることが多い。
その中から主なもののみ。

あやまちをあまた為したる千年のつひの歳きぬ暁鴉啼き

（一九九九年）

凍むる空天狼の声くきやかに巡るを告げぬ千年のわたり

（二〇〇〇年）

千年のはざまを洞に眠りゐる凍蝶は知らず明けゆく時を
（二〇〇一年）

茜さす国のまほらにもろ人よかなしき時代のくるを拒まむ
（二〇〇二年）

邯鄲の歩みの故事を銘ずべし大和まほろばメリケンならず
（二〇〇五年）

グローバルの名こそは良けれ外つ国の州に属すや人知らぬ間に
（二〇〇六年）

月のごと九条の光地を照らす世に群雲の妨げなくば
（二〇〇七年）

恐慌と格差と軍の三つ揃ひたやすくなりゆく兵の募集は
（二〇〇九年）

雪崩ゆく人心怖しファシズムの生るる培地となるやもしれぬ
（二〇一〇年）

いくさ無き無宿人なき良きくにを築くによすが九条まもらむ
（二〇一一年）

矜持するものあらなくに賜ひたる勲記に恥づる胸のささめき
（二〇一二年）

憂きことは歴史知らざる人増して同じあやまち繰り返すかも
（二〇一三年）

原発は今しモラルの問題ぞ利害得失君弁ずるも
（二〇一三年）

知らすなかれ依らしむべしの国と化し事なき日々も平和もどきに
（二〇一四年）

非正規のほかに職なき若者を誘《おび》く功《いさを》し仮《け》の自衛軍

（二〇一四年）

与謝野晶子今世にあれば無人島　君死にたまふことなかれとぞ

（二〇一四年）

人も国もわが利を捨てよ包め他者この道をゆく九条日本

（二〇一五年）

国境の危機を煽るは為政者の手立ての一つ効果をねらひ

（二〇一五年）

冠たるかな憲法九条めざすべき世界国家の礎として

（二〇一五年）

見得るものが見えず虚仮なる技にはまる衆愚となるなるなわれらくに民

（二〇一六年）

蓮のはな

泥池にありても美しく咲く花に零るる露をきみに見せたき

朝早く立ちたる音よ蓮の咲く謹み深きかすかなる音《ね》の

阿弥陀仏蓮のうてなに立ちたまふ光り輝き影さへもなく

赤に白の斑入りの蓮に開きたるその美よ下は泥田なるとも

蓮根は　連なり合ひて美を現ず　その特異さは青竹に似る

里芋かと想ふ葉の中玉の露細き茎よりポコリ沸き出る

盂蘭盆会われは悲しも蓮のため蕾みのままに供へらるるを

公孫樹

庫裡壊し裂かれ倒れし公孫樹村のシンボル四百年の

裂かれたる中に生まれし新芽またこの半世紀に巨大となりぬ

秋くれば寺庭一面銀杏の葉掃くより黄の海真中に御堂

公孫樹（イチョウ）

双樹

沙羅の花今年も咲かず　いや深き心のうちを仏は見たまふ

無垢なるを心に求め辿り来し一世にあれど沙羅に及ばず

西・東、聖と俗なる二つ道追ひつ辿りつ　顧りみすれば

あめつちの境をこえて無相なる自に至れるやこの白き道

無相とは形無きこと「如」に等し万物の根源差別も皆無

とはいへど生きたる心の記録をば遺しおきたきわが願ひなり

この歌集約束したる「双樹」の名恥じ入り悔ひて『雑木林』に

後書き

平成七（一九九五）年に第一歌集『沙羅双樹』を刊行してから二十一年になる。その後、ある依頼を受けて『冬樹』という、いくつかの主題に絞った小品集を出してからでも十一年、それにもかかわらず督励しつつ待ち続けてくださった、かつての連歌の友、砂子屋書房の田村雅之氏には申し訳のない御迷惑をおかけしてきた。国立、私立二つの大学の定年の後も講義の継続と一寺院の運営責任を担う身には、中々その準備を進める強い精神力を持続させることが叶わなかったのである。おまけに近年は持病の呼吸器疾患が悪化しがちで、半ば諦めかかっていた。

ところが、煩悩具足の身の不思議さ、肉体の衰微に反比例してその精神力が強く頭を擡げ始めたのである。昨年の秋から断続的に三度も呼吸器科への入院が続いたのだが、その三度目のこの七月、どうも常とは様子が違うことから、消化器科に転科して受けた、各種の機器を用いた精密検査で、膵臓の癌が密かに進行していたことが判明した。しかも既に第4期のA、末期癌と言う。癌は体質的に私には最も無縁の病と愚かにも信じきっていた身には、思いもよらぬ医師の一言であった。

でも不思議にさして動揺はせず、手術や抗癌剤等によるのでなく、痛みの緩和で最期を迎えたいと医師に話す余裕が持てた。医師もそれが良かろうと同意されて、七月下旬以降、その方向で処置をしていただいている。

そのなかから、永年秘めてきた願いがしだいに強く蘇ってきた。やはり積み重ねたままの歌を纏めておかなければ、人生の此岸における歩みの歴史にみずからの納得を欠くことになる。これも不断煩悩の故に違いないのだがと思いつつ、此岸にいる間に可能かどうかわからないが、とにかく着手してみようと決心した。砂子屋書房の田村社長に連絡すると、手伝うことがあれば何事でもとまで、こころよく引き受けてくださった。

病院関係者の親切な合意で、自宅にほど近い新しい施設の病院に転院することになり、まだ学生時代から人生のほとんどの年月をご厄介になってきた京都桂病院（元京都厚生園）に哀しい別れを告げ、新病院（城陽市の、西本願寺立あそかビハーラ病院）では、一個室に必要書類や機器まで持ち込んでの作業をすることを許していただけた。まさに天啓また仏恩と申すべき事態である。人心の温かさということをいたく実感した。


感動のあまり経緯をながながと述べたが、ここに抽出したのは、主として結社誌『青樫』に出詠したものを中心にして、若干の補正、補作を加え、約三千首の中から五百首程を選び出した。

短歌（和歌）についての主観を述べれば、私自身は故橋本比禎子主宰の「新古今」にほど近い。心温まる幽玄な象徴の歌に強く惹きつけられて入門して以来、わが歌においてもそれを理想の範型としている。ただ短歌と呼びうるのは、その詠風には幾つかの流れがある。浪漫、写生、象徴は言うにおよばず、現代の一角を占めた俵万智さん的な所謂ライトバースも立派に短歌である。その逆の元「青樫」に関係のある塚本邦雄氏の『玲瓏』の詠風も、視覚的漢字と理に克ちすぎた圧倒的圧力を示す現代の詠風である。五味智英氏の名著『古代和歌』によれば、およそ四百年間に及ぶ『萬葉集』の時代をはじめ、その後の『古今和歌集』『新古今和歌集』に内在する「古代和歌」の詠みかたの奥底の広がりがいかに多様、深淵であるかには驚かざるをえない。昔から自己の依拠する詠風をのみ範として他を否定的ないしは軽視する風潮が和歌、短歌の世界にあるが、それは自己の視野の狭さを示しているのにほかならない。私は、時には自己の詠風から離れて、常詠まぬ遣りかたで、試作をしてみるのも歌作経験を深めるために良いことだと思っている。そのなかから、やはり「これだ」と自己に最適の詠風を再発見することがありうるものである。私自身、橋本比禎子先生には、よくぞお会いする恩寵を得られたと思うほど敬愛の念が深まるばかりだが、それでもときおり他の詠風の散歩をしてみて、一巡してくることを試みる。作歌しつつ楽しむのである。それが可能なのは、和歌、短歌の芸術としての働きに格別の性格があるからだと、まだ浅薄だが、理論的にそう思うのである。

少し長くなるが、この機会にその意味を述べておこう。

私の学問上の専門は、哲学的な方法で行う「教育人間学」である。要するに不動の対象として捉える人間ではなく、誕生から老死に至るまで変化していく人間の動きに内在している現象、ないしは内在の原理を調べるのである。

一方、人間の精神的能力（身体能力も精神能力と密接に関係するが、便宜的に常識的な言いかたをすれば）を知（智）・情・意に区別することがある。あるいは理性と感性に区別もする。いわゆる知性は理性の分野であり、情と意は感覚および感性の分野に入る。

さて、文字を主体にする言語は、漢字なら絵画性を始原にもつ篆書もあるが、基本的には助詞、副詞、助動詞など概念の働きを補助する語のほかは、名詞、形容詞、動詞を中心にした広義の「概念」とその「有り様」および「働く方向」を区別するもので、畢竟、概念の区別を中心にしている。それ故に「理」についてもっともすぐれた働きができる。人間の原始以来の最高の発明物である。

他方、人間は「芸術活動」をなす。芸術を担う能力は、勿論、言語（ことば）をもふんだんに用いるが、その基本を担うのは感覚に根をもつ感性の力である。芸術の分野も早くから、人間活動の重要側面を構成してきた。現代の絵画のみならず、古代遺跡に残る洞窟絵画や巌壁に刻まれた神仏の彫像など、いかにしてこんなところに刻み得たのかと驚くばかりである。

音楽の歴史も旧い。文字の発明以前から、人は音の出る器物を考え出し、みずからの種族の感覚に合う曲を奏で、それに合わせての「踊り」を生みだしてきた。やがて文明の発展にともなって、物語性をもつ芝居（演劇）を創出する。さらに歴史的発展を経て、室内楽の規模から各種楽器が相調和する交響楽団に至るまでの、音の新世界を描き出すことができるようになる。

三次元世界は空間と時間から立体的に成り立っているが、大きく捉えれば、芸術はその空間的性格と時間的性格の二大分野が大きな位置を占めているのである。

さて、右記で触れなかった芸術のいまひとつ大きな分野が太古から人間世界に存在する。それが詩歌の分野である。私は「教育人間学」を専門とすると述べた。不断に変化する人間を学の対象としてどうすれば捉えうるのか。それは学問としての基本をなす問題である。

一般的には、先行する学的研究を精査し、用いられた史料（資料）の当否を調べ、自己の経験をも交えて、少しずつ立論を積み重ねていく。私も最初はまことに恥ずかしいほどの微々たる歩みながら、まずその先行研究精査の歩みを私なりに進めていた。

特に、日本には五七調、七五調を種族のリズム感覚でないかと思わせるほどの特徴とする詩歌、和歌・短歌・旋頭歌・今様、さらに川柳・俳諧などが存在する。なかでも和歌、短歌は人によっては、子供の頃から正月の小倉百人一首など、意味はよみとれずとも、夢中になって「取りあう」うちに、そのリズム感覚だけは身についたものになっていったものである。人間はどの人種にもその人種独自の個性的なリズム感覚があるのではないかと思えてくる。

さきに、文字言語は「理」の世界成立の基礎と言った。数や数記号、化学記号などはまさに理の世界の典型である。では一般の文字言語記号は？　理のために不可欠のものには違いないが、人間は喜怒哀楽の感情を表すのに笑ったり、泣いたり、苦い表情を見せたりと、演劇に連動できる「仕草」での表現ができる。「意欲」「意志」「意地」などの「情緒」も演劇的表現と連動する。ここであわせて申しておけば、それらは基本的に「空間」へと表出され、同時にその間にたとえ短くとも、一定の「時間」が経過する。特に人間の感情は、その時間経過が比較的「長い」性格を持つ。実はそれが、和歌、短歌など「詩歌」のひとつの特徴なのである。

おなじ詩歌でも、俳句は短歌に比べて遥かに空間的要素が強い。

古池や蛙飛びこむ水の音

この一句の目の前には、古くからのよどんだ池が空間的に広がっている。しかし、よく聞けば蛙が飛び込む水音も一瞬聞こえるようである。一瞬の短かさだが時間もそこに流れている。この逆をいくのが和歌、短歌である。

しのぶれど色にでにけりわが恋はものやおもふとひとの問ふまで

よく知られた平兼盛の相聞歌である。この和歌の機軸は時間の流れにある。長い間独りある人を恋い慕ってきたけれど、やはり顔色に出てしまったのだという、切ない気持ちを詠みあげている。「顔色に出る」というのは空間的表現にはちがいない。しかし長く耐え抜いていたからこそ、その切なさがひとに伝わるのである。

俳句はまず空間的に写生し、そこに醸しだされるニュアンスの微妙を韻律に載せる。和歌、短歌はたとえ写実の歌であっても、その置かれた時間的性格をもつ情感が歌の生命になる。俳句と和歌、短歌はともに、その韻律が五七調に始まるが、さらに下に七七の韻律をそこに加える、ただそれだけの相違によって、そのような機軸の相違を表し出すのが不思議である。この頃おりおり見かけるが、俳句での鍛練をして短歌を作るという試みは、この両者から新しい創造をしてみようという意欲の表れといってよい。言葉そのものは時間軸に添って流れていくから、そこに空間をあらわす言葉を適切に添えることによって、従来の俳句ないしは短歌に見る以上の新鮮味を作り出そうとするのだと思う。

これらの時間、空間の性格の違いというものは、基本的には俳句と和歌、短歌の間に存在すると同時に、もっとデリケートな意味合いを醸して、たとえば同じく「古代和歌」と名付けても『万葉集』『古今集』『新古今集』の間に、さらにはもろもろの歌の中にも介在してくる。時間と空間という宇宙の大原理は、そういう途方もない不思議な力をもつことに、詩歌を読むときに留意しておく必要がある。

ここで極めて浅学の私が、これに関連して、敢えて愚見を記すことをお許しいただきたい。それは実はすべての人間のものの見方に関係することであるが、「ものを見る自己と、見ている対象との間の距離感覚」の相違という問題である。

見ている（今詠んでいる）対象と詠み手（作者）の間に距離がほとんど無く、親しく密着した関係にあるのが『万葉集』。そこで歌は素朴なまでに、まことに率直に表現した作品になる。

次に作者と対象が離れているのだが、作者の視野の中に対象があり、その様子が見えている場合である。むしろ対象を五感で捉えていると言ったほうがより適切である。その場合、落ち着いて、冷静であり、常識的で理解できるような作品になる、それが『古今集』であると言いうると思う。現在短歌と呼ばれるもののなかでは、この性格をもつ作品が最も多いであろう。そしてそれと並んで万葉的な率直な作品、直接作者の想いをあらわした歌が詠まれていると言えるのではないだろうか。

最後に言えるのが、作者と対象の両者が視野から離れ切って、むしろ一見作者独りの物言いのように見える、つまり五感では解らないような作品である。それが『新古今集』であろう。譬えて言うならば科学における理論のようなもの、かつて湯川秀樹博士の「中間子」の単なる理論的な産物が、戦時のアメリカで実験的に存在証明がなされ、戦後の博士へのノーベル賞授与に結びついたという。この実験上の存在証明がもしなければ、中間子理論は空論とされ、ただ迷い続けるほかはなかったであろう。歌も同じで、他人にまったく理解されないなら作品とは言えない。ただの妄言になる。だから「見えず」とも理解を求めて、その微妙なニュアンスを作者は、直言ではなく作品の中で、比喩とくに暗喩をさまざまに用いて表現する。そこに即物的でなく象徴的と世に言われる作品が誕生するのである。象徴・シンボルという言葉の真の意味はもっと広大で、言葉というものがそもそも実物の代理をするシンボルなのだが、今は深入りを避ける。

茜さす紫野ゆき標野ゆき野守は見ずや君が袖振る

天智天皇の皇太子時代、狩りに出たおりの彼の露骨な愛の袖振りに、「番人たちが見るじゃありませんか（およしなさいよ）」とやさしく窘める様子を額田王がささやいた、そのままの親密なさまが、素直に歌われた作品である（『万葉集』）。近代短歌で言えば、与謝野晶子流の浪漫調に近いともいえる。

秋来ぬと目にはさやかに見えねども風の音にぞ驚かれぬる　（『古今集』）

藤原敏行作のこの歌、だれにでもそのままに解るまさに初秋の風情そのままである。まだ夏の暑さも残り、空の雲形にもさしたる変化が顕著にあらわれてはいないが、そよと吹く風の感覚に微妙な変化が漂い始め、「あっ！　秋の前触れだ」と感じさせるものがある。作者は五感でそれを捉えている。つまり敏感に自然を対象として見たのである。季節の移行期の感覚そのままであるが、言葉の配置、調べも見事で、優れた歌になっている。近代短歌でいえば、正岡子規の写生に近いといってよい。

玉の緒よ絶えねば絶えねながらへば忍ぶることの弱りもぞする

女流歌人、式子内親王の一見難解な名歌である。難解なのは、「玉の緒」が「いのち」の枕詞なのか否かから始まる。この歌は題詠であるので『新古今集』の選者藤原定家を暗示した恋の歌というのが定説のようだが、彼女が告白しなければ真意は解らない。私は、これは数珠玉のことではないかと昔から思っている。対象は、同時代に宮廷や公家の間にも信奉者が続出したという法然上人である。彼女も数珠を手にしてその法話を聴聞していたのではないか。数珠は使用期間が長くなると、自然に玉を通している糸の紐がゆるんでくる。まさに切れそうになることもある。法然は大変美男子で、また比叡山から降りる前には、智慧第一とも称された、後の浄土宗の開祖であり、親鸞の恩師である。ただこれを「いのち」の緒と解したほうが「新古今」の特徴に相応しく、手に持っている数珠という理解の方が、五感に触れる対象を詠むという「古今」的理解になるのだが。

ここで、私的な挿話にすぎないが、余計な一事を挟むことを許していただこう。二十年近く前のある日、住職として私は門徒（檀家）のある家の法事を務めていた。そこへ一族の親戚として、歌の文法理解の著作もある、よく知られている歌人が客人として出席しておられた。私の第一歌集をその家の主人にさしあげていた関係から、読経中に客人の間でそれが話題となったとき、その歌人が口にされた言葉。「何？　住職が歌を詠まれるだって？　煩悩じゃないか、歌の世界は！」と。話はそれ以上には広がらず、短く沙汰止みになったようだったが、私は内心で、次のようなことを思いつつ読経を続けた。
「たしかに煩悩だ。だからこそ菩提を指向する僧侶の至心懺悔に相応しいのだ。西行、慈円、寂蓮、良寛、九条武子等々、僧侶、仏門に歌人はたくさん存在する」と。

さらにここであわせて言えば、およそ論じられることも語られることもないのが不思議なくらいであるが、仏教の経文には漢文の詩歌が数多く載せられており、浄土真宗で普段、日常に読誦している所謂「お経」は全て詩歌であると言ってよい。「偈（げ）」という言葉は韻をもつ歌のことである。讃佛偈、重誓偈、歸三寶偈等々。

『正信偈』にいたっては、大変な学者でもあった「親鸞」が研究の結果を、漢文の七言律詩で百二十句の長詩に纏められた一大芸術作品なのである。「親鸞」は、さらに和語を交えた当時の七五調の「今様」歌の形で五百数十首におよぶ、いわゆる「和讃」を作られた歌人である。

この大きな特徴に触れた研究も議論もついぞ見かけたことがないのは、親鸞研究の一大盲点といってよい。

さてここから、改めて本題に戻ろう。私の専門の教育人間学と和歌、短歌に何の関係があるのかを元々述べるつもりであった。

一生を通しての精神的変化の中軸に、言語の用い方の変化があることは、一般に知られている。言語はまず耳からの音声によって子供に会得されていく。だから幼くして聴力に障害を持つことは、最大の不幸事の一つである。言葉はついで音を文字に化することを子供は学習する。目が見えないとその学習が困難で、子供に二重の不幸を背負わせてしまう。文明はそれゆえに手を巧みに動かして為す

「手話」を作り出した。言語に関する障害児教育推進の原動力は、この手話の熟練にかかっている。

しかし聴力、視力が双方無いために、言葉としての音声を発信できない三重苦の人が陥ってる苦労の世界は、もはや私たちの想像を絶しているとしか言い様がない。この言語の使用はこのように人間能力の中心を構成するが、実はそれだけではない。先述した描画力、音楽力も、人間なればこそ必要な根源の人間力を構成する。

私は人間力に関する先行研究を読み、できれば精査することから始め、言葉についで「描画力」を調べる段階に入りつつあった。在外研究で渡米した機会には、『児童画の発達過程』研究で著名なローダ・ケロッグ女史をサンフランシスコのお宅に訪ね、子供の絵の「画素」というべき模様を世界中の子供たちの絵何万枚も集め分析した次第を詳しく話していただいた。コンピューターのない時代だから驚くような話である。

その間に浮かんだ着想は、こういう研究は他人の書いたものからだけでなく、自分自身が体験しなければことの真相には触れえないということであった。では私自身に何ができるか。絵画や音楽に深まりゆく素養は私にはない。そこで気づいたのが少年時代から親しみを持ち、すでにその作品も持っている短歌の世界であった。詩歌の世界の広大で奥深いことにまではまだ気づいていなかったが、これなら自分にもっとも身近な領域、これを人間考察の大きな資料として、みずからも実践しつつ取り組んでみようと。

これが一大転機になり、私の短歌生活が始まった。そしてやがて橋本比禎子先生との恩寵の出会いに至るのである。

学問的問題意識に始まりながら、その結果の発表にまでは至らぬ間に時間だけが経過してしまった。それを誇られてもいたしかたない。確かに「ミイラ取りがミイラになってしまった」のだから。

でも私は後悔してはいない。本気の自分に合う大きな場を見いだせたが故に。

平成二十八年一一月

釈　春満

著者略歴

昭和七（一九三二）年京都市生まれ。（本籍　兵庫県姫路市）

京都師範学校付属小学校、旧制京都第一中学校、龍谷大学予科を経て、
昭和二十五年京都大学教育学部入学。在学中結核に罹り、四年間の療養生活を余儀なくされた。

大学院在学中、明徳商業高等学校講師を務める。

昭和三十七年京都大学大学院博士課程修了。

京都大学教育学部助手を経て、大阪経済大学、奈良女子大学、奈良大学で教鞭を執る。

奈良女子大学名誉教授、浄土真宗本願寺派夕谷山西信寺第二十二世住職。

教育哲学、教育人間学専攻。シンボル思考と言語・芸術・宗教の関係、近代的思惟の構造の研究。

大学在学中罹患した肺結核のため二年半休学。病床にて作歌を始めるが、復学後長期中断。

昭和六十三年正月ふたたび歌心に目覚め、短歌結社「青樫」主宰橋本比禎子を柳生に訪ね師事。

以後本格的に短歌に取組む。

『青樫』編集部員、大和歌人協会理事などを歴任。

平成二十八（二〇二八）年十一月十五日　膵頭癌のため五か月闘病後死去。

法名「双樹院（教職と僧職、二足の草鞋を履いた人生の意）釈春満」

平成七年　歌集『沙羅双樹』（砂子屋書房）刊。

平成十七年　フローラブックス『冬樹』（美研インターナショナル）刊。

平成二十九年　歌集『雑木林』（砂子屋書房）刊。

歌集　雑木林

二〇一七年二月一日初版発行

著　者　松井春満
　著作権継承者＝松井祐子

発行者　田村雅之

発行所　砂子屋書房
東京都千代田区内神田三―四―七（〒一〇一―〇〇四七）
電話　〇三―三二五六―四七〇八　振替　〇〇一三〇―二―九七六三一
URL　http://www.sunagoya.com

組　版　はあどわあく

印　刷　長野印刷商工株式会社

製　本　渋谷文泉閣